BEI GRIN MACHT SICH IHR
WISSEN BEZAHLT

- Wir veröffentlichen Ihre Hausarbeit,
  Bachelor- und Masterarbeit

- Ihr eigenes eBook und Buch -
  weltweit in allen wichtigen Shops

- Verdienen Sie an jedem Verkauf

Jetzt bei www.GRIN.com hochladen
und kostenlos publizieren

Bibliografische Information der Deutschen Nationalbibliothek:

Die Deutsche Bibliothek verzeichnet diese Publikation in der Deutschen National-
bibliografie; detaillierte bibliografische Daten sind im Internet über http://dnb.d-
nb.de/ abrufbar.

Impressum:

Copyright © 2014 GRIN Verlag, Open Publishing GmbH
Druck und Bindung: Books on Demand GmbH, Norderstedt Germany
ISBN: 9783668413108

Dieses Buch bei GRIN:

http://www.grin.com/de/e-book/355090/der-dreissigjaehrige-krieg-ursachen-und-
verlaufsabriss

Anonym

Der Dreißigjährige Krieg. Ursachen und Verlaufsabriss

GRIN Verlag

Der Dreißigjährige Krieg

Ursachen und Verlaufsabriss

24.01.2014

Facharbeit

Inhaltsverzeichnis

1. Einleitung

„Hier durch die Schanz und Stadt, rinnt allzeit frisches Blut.
Dreimal sind schon sechs Jahr, als unser Ströme Flut,
Von Leichen fast verstopft, sich langsam fort gedrungen,

Doch schweig ich noch von dem, was ärger als der Tod,
Was grimmer den die Pest, und Glut und Hungersnot,
Das auch der Seelen Schatz so vielen abgezwungen."[1]

Mangel, Not, Armut, Zerstörung, Leid und vor allem Tod, unter diesen Schlagwörtern hat sich der Dreißigjährige Krieg in die Köpfe eingebrannt. Die Schlacht am Weißen Berge und die darauf folgenden Hinrichtungen, die Schlacht bei Höchst und besonders die Schlacht bei Lützen und die Magdeburger Hochzeit prägten das Bild dieser Zeit und so wurde dieser Krieg noch viele Generationen später mit Schrecken erwähnt, galt bis zum Ersten Weltkrieg als der verheerendste. Spätestens mit Brechts *Mutter Courage und ihre Kinder* wieder in das Bewusstsein der Deutschen gerückt. Wie konnte es zu diesem, vom Magazin „Der Spiegel, Geschichte" als „Die Ur-Katastrophe der Deutschen"[2] betitelten Krieg kommen? Der Ausbruch war anscheinend fast sicher, wie es *Cicely Veronica Wedgwood* beschreibt: „Alle gut Unterrichteten waren von der Wahrscheinlichkeit eines Krieges sattsam überzeugt."[3] Die im „Volk" verbreitete Antwort auf die Frage nach der Ursache: „Konfession!", oft aber auch: „Religion!" Doch ist dem wirklich so? Welche anderen Faktoren trugen noch zu der Zuspitzung des Konfliktes in einen zerstörerischen Krieg bei? Obwohl der Fokus meiner Arbeit auf den Ursachen liegen soll, ist auch ein Abriss des Verlaufs und der Folgen des Krieges enthalten. Grund dafür ist, dass der Verlauf des Dreißigjährigen Kriegs selber immer wieder neue Wurzeln seiner Fortsetzung und Brutalisierung lieferte. Die Arbeit an den Ursachen war nicht die einfachste, denn wie Axel Gotthard bereits sagte: „Bis heute ist diese Zeit einfach "unterbelichtet".[4] Deshalb habe ich im Laufe meiner Recherche beschlossen ein breites Spektrum an Ursachen zu benennen, anstatt mich auf nur wenige „klassische" Punkte zu konzentrieren. Nur so kann eine annähernde Skizze der damaligen Verhältnisse gezeichnet werden.

---

[1] Gryphius, Andreas (1636*): Tränen des Vaterlandes/1936*. Anhang, Vers 9f.
[2] Siehe Cover auf: http://www.spiegel.de/spiegelgeschichte/a-778430.html
[3] Wedgwood, S. 10
[4] Gotthard, Axel: http://www.spiegel.de/spiegelgeschichte/a-778430-3.html

Die Ursachen

Wie bereits in der Einleitung erwähnt, hängen Verlauf und Ursachen eng miteinander zusammen, da der heute so bezeichnete Dreißigjährige Krieg aus mehreren Konflikten zwischen verschiedensten Parteien bestand. Jeder Konflikt für sich barg wieder neues „Schlachtpotenzial", wie es das Folgende noch zeigen wird. Folglich sind Ursachen nicht nur in der Zeit vor dem als Beginn des Dreißigjährigen Krieges geltenden Prager Fenstersturzes zu suchen.

Eine Ursache bestand sicher im Verlauf der Reformation. Diese begann am 31. Oktober 1517. Luther schlug, jedenfalls der Legende nach, die 95 Thesen an die Türe der Schlosskirche zu Wittenberg an. „In dieser Schrift äußert er Kritik spezifisch an der Verweltlichung der Kirche und besonders an deren (bzw. dem päpstlichen) Ablasshandel."[5] Dieser Akt gilt als der Beginn der Reformation im Deutschen Reich. Obwohl anfangs eine Reformierung der ursprünglichen Kirche („zurück zur wahren Kirche") beabsichtigt war, wurden die evangelischen Reichsstände am 19. April 1529 zu „Protestanten", indem sie sich der „vollständigen Wiederinkraftsetzung des Wormser Ediktes"[6] entgegensetzten (hiergegen protestierten) und sich mit dem Augsburger Bekenntnis ganz von der römisch-katholischen Kirche abspalteten. Eine neue Konfession war damit entstanden.

Mangelnde Durchsetzung kraft

Kurz darauf formierte sich eine Gegenbewegung, die Gegenreformation, mit Kaiser Karl dem V. (Kaiser von 1519 bis 1556) an der Spitze. Trotzdem breitete sich der Protestantismus stetig aus. Das lag besonders daran, dass Karl der V. immer wieder zeitweilig Zugeständnisse an die Protestanten machen musste und das trotz der nie zuvor dagewesenen habsburgischen Territorialmacht. (Er hatte durch glückliche Zufälle und strategische habsburgische Heiratspolitik nicht nur die Gebiete um Österreich, sondern auch das angehende Weltreich Spanien geerbt). Die innere Ursache der Zugeständnisse gegenüber den Protestanten lag in den ständig wiederkehrenden Kriegen gegen Franz den I. von Frankreich um die Vorherrschaft in Norditalien und an der Notwendigkeit der Verteidigung des Reiches gegen das Osmanische Reich. Der erste in seine Herrschaftszeit fallende Reichstag zu Speyer ist ein gutes Beispiel dafür: Karl der V. konnte selbst nicht anwesend sein, da er Krieg gegen Frankreich in Italien führte und er beauftragte deshalb seinen Bruder Ferdinand den I. damit, dort die Reichsstände für den Krieg gegen die Türken zu gewinnen. Ferdinand stellte diese Forderung auch folgerichtig an den Beginn

---

[5] (Vgl.) https://www.uni-due.de/einladung/Vorlesungen/epik/reformation.htm
[6] (Vgl.) http://www.kinderzeitmaschine.de/index.php?id=401&ht=6&ut1=113&ut2=87&evt=502&x1=64&x2=-508.05

des Reichstages, doch die evangelischen Reichstände bestanden darauf, dass zuerst die „Religionsfrage" behandelt würde. Schließlich wurde eine „freie Auslegung" des Wormser Ediktes eingeräumt, wonach dessen Sanktionsdrohungen faktisch ausgesetzt wurden, woraufhin dem Reich Truppen bereitgestellt wurden.[7]

„Der Türk ist der Lutheraner Glück"[8] war ein zeitgenössisches Sprichwort, welches die Situation auf den Punkt brachte. Wie oben beschrieben forderte Karl V. dann nach erfolgreicher Beendigung der Schlachten die Revision des eingetretenen „tolerierenden Zustandes". Doch was erst einmal zugestanden war, war nicht mehr wiederzuholen und die Rückforderung vergrößerte den Graben zwischen den Konfessionen weiter.

Erhöhtes Agressionspotenzial

Zum Verständnis historischer Vorgänge ist immer auch ein Sich-Hineinversetzen in die jeweilige Zeit nötig. In diesem und dem folgenden Kapitel soll ein Solches in die „Durchschnittsbevölkerung" ermöglicht werden: Die Zeit zwischen 1300 und 1900 wird klimageschichtlich auch als „Kleine Eiszeit" bezeichnet. Die Sonnenaktivität erreichte im 16. und 17. Jahrhundert einen in geschichtlicher Zeit in Europa nie zuvor dagewesenen Tiefstand.[9] Somit auch die Temperatur. Verheerende Bedingungen für die Landwirtschaft. Schlechte Ernten waren die Folge. Auf Grund des später noch etwas näher beschriebenen Augsburger Religionsfriedens galt das Heilige Römische Reich Deutscher Nation als relativ liberales Land und so wanderten viele Protestanten ein, die Bevölkerung wuchs. Wegen der schlechten Ernten waren Lebensmittel sowieso schon beinahe unbezahlbar für die durchschnittliche Bevölkerung geworden und nun tat die erhöhte Bevölkerung ein Übriges.

Eingeschränkte Kommunikation und mangelnde Diplomatie

Das schnellste Transportmittel zu Lande war damals das Pferd. Folglich konnten auch alle Informationen und Neuigkeiten nur mit der Geschwindigkeit des Pferdes übertragen werden. Das war zum Beispiel nicht viel schneller, als Truppen vorrückten und so konnte der schleppende Transport von Nachrichten verhängnisvoll für Bevölkerung und politische Entscheidungsträger sein. Oft wurden deshalb Entscheidungskompetenzen an die unteren Hierarchieebenen abgegeben. Entscheidungen wurden oft zu langsam oder zu voreilig getroffen – und ohne die Kenntnis

---

[7](Vgl.) http://www.sehepunkte.de/2013/01/21400.html
[8] http://www.habsburger.net/de/kapitel/sympathie-fuer-protestanten-maximilian-ii
[9] (Vgl.) http://www.umweltunderinnerung.de/index.php/kapitelseiten/vormoderne-umwelten/23-die-kleine-eiszeit

komplexer Zusammenhänge. Der erste Reichstag zu Speyer gibt ein Beispiel dafür ab: Die Zusage der Truppen war objektiv überflüssig, da die betreffende Schlacht schon zwei Tage später stattfand.[10] Sichtbar wird hier auch die mangelnde und zähflüssige Diplomatie zwischen den verschiedenen Parteien. Der betreffende Reichstag dauerte ungefähr einen Monat lang, viel zu viel Zeit für eine so existenzielle Frage, wie die der Verteidigung des Reichs. Die „Organe" und besonders die gegenüberstehenden Parteien legten die staatlichen Exekutivmöglichkeiten lahm. Ein anderer Aspekt der angesprochenen Langsamkeit war die mangelnde Durchdringung des Volkes mit Information. Zwar war die Informationsverbreitung durch Johannes Gutenbergs Erfindung des Buchdruckes mit beweglichen Lettern entscheidend erleichtert worden, jedoch galt dies nur für die gebildeten bürgerlichen Schichten. Der große – analphabetische - Teil der Bevölkerung war nicht über die gegenwärtigen Geschehnisse informiert und solange es ihm nicht besonders schlecht ging verrichtete er seinen Dienst. Auch dies führte mit dazu, dass die Politik ein rein nach den Interessen der Mächtigen ausgelegtes „Spiel" war.

Augsburger Religionsfriede

Der Augsburger Religionsfrieden war damals wohl bewusst offen formuliert worden, infolgedessen mehrdeutig und widersprüchlich formuliert, nur so war damals überhaupt ein Kompromiss zwischen den konfessionellen Interessen möglich gewesen. Diese Herangehensweise hatte wohl gut unter den liberalen Kaisern Ferdinand I. und Maximilian II. funktioniert, nun aber, als die nächste Generation unter Rudolf II. die Macht erbte, wurde wieder begonnen die Doppeldeutigkeiten des Religionsfriedens kompromisslos für sich auszulegen, da Rudolf als Antiprotestant galt. Ein Streitpunkt des Religionsfriedens war das „Reservatum Ecclesiasticum". Es besagte, dass wenn ein katholischer Territorialherr zum Protestantismus konvertieren wollte, er seine Herrschaft und sein Amt niederlegen musste; so sicherte sich die katholische Kirche den Erhalt ihrer Territorialmacht, womit viele Protestanten nicht einverstanden waren. Der Augsburger Religionsfrieden begann zu also bröckeln. "So hatte man sich schließlich zusammengerafft, ohne im Letzten einig zu sein – wo es nicht anders ging, auf Kosten der Klarheit und Wahrheit. Eine Zeit lang schien es, als würde sich dieses Spiel auszahlen, aber langfristig überwogen doch die Nachteile des damals gewählten Verfahrens".[11]

---

[10] (Vgl.) http://de.wikipedia.org/wiki/Reichstage_zu_Speyer
[11] Gotthard, Band 08, S. 333 f.

5

Die Bartholomäusnacht im Hinterkopf

In Frankreich war Calvin sozusagen das Gegenstück zu Luther, beide hatten zwar sehr ähnliche Ziele, aber nicht alle Grundgedanken glichen sich. Die französischen evangelisch Gläubigen wurden Hugenotten genannt. Die Katholiken unter der faktischen Führung Katharina de Medicis kämpften von 1562 an gegen die Hugenotten. Schließlich wurde 1570 Frieden geschlossen. Diplomatische Beziehungen bildeten sich aus und so erhofften sich die Hugenotten von dem Angebot einer Hochzeit der Tochter Katharinas mit dem hugenottischen König Heinrich von Navarra dauerhafte Befriedung. Die Hochzeitsfeierlichkeiten sollten mehrere Tage andauern und so kamen alle Führer der Hugenotten nach Paris. Der Hugenottenführer Colingy war nach der Hochzeit bei einem Anschlag verletzt worden, und so fürchteten die Katholiken einen Racheakt (andere Deutungsmuster gehen eher von einer geplanten Provokation durch den Anschlag auf Coligny aus). Die Katholiken nutzten die Tatsache der Zusammenkunft aus und richteten ein Blutbad an. Insgesamt bis zu 20.000 Hugenotten wurden umgebracht, 3000 davon in Paris und Umgebung[12], der langanhaltende politische Erfolg der Aktion blieb indes aber aus.[13] Die Angst vor der Wiederholung eines solchen Vernichtungsaktes dürfte eines der Grundmotive im politischen Denken der Protestanten gewesen sein - erschwerte Diplomatie musste die Folge sein.

Die Konfession nur ein propagandistisches Mittel zum Zweck?

Keine andere These ist kontroverser diskutiert worden, als die vorstehende, jedoch nie mit einem endgültigen Ergebnis. Die Fürsten hätten den Protestantismus nur zur Loslösung vom Papst, zum Gewinn von Territorien und Gütern und zur „Oppositionsbildung" gegen den Kaiser unterstützt bzw. für sich gewählt. Hierfür spricht einiges, Religion wurde immer wieder (dynastischen) Machtinteressen nachgeordnet. So kämpfte der katholische, französische König Heinrich der II. einst mit den protestantischen deutschen Fürsten zur Schwächung Karls des V., was schließlich zum Augsburger Religionsfrieden führte. Zudem waren auch große Territorien im Spiel. Besitztümer die unter katholischem Einfluss standen, gingen diesem mit dem Wechsel zum Protestantismus verloren, was andererseits wieder zur Erweiterung der Machtbasis einiger protestantischer Fürsten führte.[14] Dieser Wechsel des Besitzes sollte dann aber im Augsburger Religionsfrieden - wie oben beschrieben - mit dem „Reservatum Ecclesiasticum" unterbunden werden, die protestantischen Fürsten fürchteten deshalb die Rückforderung ihrer (neuen) Güter,

---

[12] Kinder, Band 1, S.247
[13] (Vgl.) http://www.welt.de/kultur/history/article966115/Blutbad-an-der-Seine-die-Bartholomaeusnacht.html
[14] (Vgl.) http://www.koni.onlinehome.de/basisdateien/ursachen-frames.htm

die jetzt den Ausgangspunkt ihrer Macht bildeten. Auch die allgemeine Oppositionshaltung gegenüber einer als zentralistisch bekämpften kaiserlichen Macht war ein Faktor im Ursachengeflecht für den Dreißigjährigen Krieg, was später noch näher beschrieben werden wird[15]. Der Gesichtspunkt der im Reich verbreitet gewollten Loslösung von päpstlich-römischer Herrschaft muss generell auch eine nicht unerhebliche Rolle gespielt haben. Wenn es heißt „[.] die Priesterschaft Roms hatte vergessen, dass die Barbaren jenseits der Alpen von ihrem Papst mehr verlangten, als dass er unter den europäischen Fürsten als Mäzen an erster Stelle stehe"[16], so mag dies den Zeitgeist recht treffend erfassen. Gleichzeitig stand es für die neue Konfession insofern nicht zum Besten, das sie sich infolge ihrer steten Bedrängung eng an die weltlichen (protestantischen) Herrscher anlehnen musste. *Cicely Wedgwood* schreibt hierzu: „[.] die junge Bewegung wurde, weil zu schwach, um auf eigenen Füßen zu stehen, zur Dienerin des Staates."[17] Doch steht es wirklich so schlimm um die neue Konfession? Überzeugte Glaubensbekenntnisse kann man nur Orginalquellen aus der Zeit entnehmen. Der Kampf von Protestanten gegen Katholiken ist für sich genommen allenfalls ein Indiz für eine vielleicht zugrundeliegende konfessionelle Dimension. Trotzdem fand ich ein Beispiel: Maximilian II. Er sympathisierte als späterer Kaiser des Heiligen Römischen Reiches mit dem Protestantismus. So schrieb sein Vater Ferdinand an ihn (das vollständige Zitat ist im Anhang zu finden): „[…]Gott weiß, dass mir auf Erden kein größeres Leid noch Bekümmernis vorfallen könnte, als dass Ihr, Maximilian, mein ältester Sohn von der Religion abfielet."[18] Auch Maximilian selbst schreibt später: „Ich bin weder ein Papist noch ein Evangelischer, sondern ein Christ."[19] Zu mehr war er wohl nicht befugt gewesen, da er vor der Wahl zum Kaiser einen Eid ablegen musste, dass er immer dem katholischen Glauben treu bleiben würde. In Religionsfragen blieb er neutral und am Ende des Lebens ließ er sich nicht die Sterbesakramente abnehmen.[20] Offenkundig hätte ihm ein Wechsel nicht den geringsten Nutzen eingebracht und trotzdem hielt er in gewisser Weise bis zu seinem Lebensende an seiner Grundeinstellung fest: Ein Beispiel für überzeugten Glauben. Auch *Cicely Wedgwood*, die bereits zitiert wurde, bemerkt kurz zur obigen Passage: „[…]weder die Fürsten, noch das Volk nahmen den lutherischen Glauben im Geiste jenes Zynismus an[…]" und „[…]der Nachdruck in ihrem Innern lag auf dem Glauben[…]"[21]. Um das Zitat nicht aus dem Kontext zu reißen ist die gesamte Passage im Anhang zu finden, denn sie schreibt auch: „Sicherlich glaubten sie, weil sie glauben wollten[…]"[22]. Das Volk, da sind sich alle einig, war höchst religiös. Die neu aufkommende humanistische Wissenschaft verängstigte man klammerte sich an religiöse

---

[15] Siehe *Staatenbildung: Mangelnde Zentralmacht?*
[16] Wedgwood, S. 19
[17] Wedgwood, S. 17
[18] Ferdinand der I. : Brief an seinen Sohn. Anhang,
[19] http://www.habsburger.net/de/kapitel/sympathie-fuer-protestanten-maximilian-ii
[20] (Vgl.) http://www.habsburger.net/de/kapitel/sympathie-fuer-protestanten-maximilian-ii
[21] Wedgwood, S. 17 und im Anhang
[22] Wedgwood, S. 17 und im Anhang

Gewissheiten. Man merkt schnell: Die Quellen sind mit sich selbst nicht im ganz Reinen und deshalb darf man davon ausgehen, dass die Wahrheit in der Mitte liegt. Der eine wurde aus Überzeugung Protestant und hatte die Vorzüge, oder auch nicht, der andere konvertierte auf Grund der Vorzüge, beim nächsten war es eine Mischung aus beidem. Diese Sichtweise lässt sich auf die Analyse des ganzen Krieges erweitern, Mal ging es um die Unterstützung des Glaubens, mal um geopolitische oder um dynastische Interessen, die im Folgenden noch angesprochen werden sollen.

Prager Fenstersturz

Der Prager Fenstersturz am 23. Mai 1618 gilt als der Beginn des Dreißigjährigen Krieges. Es war der zweite Fenstersturz in der Geschichte Prags. Rudolf II. hatte den Ständen Böhmens im *Majestätsbrief* Religionsfreiheit und Privilegien zugesichert, da er die Stände im Streit mit seinem Bruder um die Macht, den sogenannten Brüderzwist, hinter sich wissen wollte. Unter Ferdinand (später II.) änderte sich die Situation grundlegend, da dieser ein überzeugter Katholik war. Die Rechte der Stände wurden beschnitten und die Rekatholisierung durchgesetzt. Sie gipfelte in einer Schließung einer protestantischen Kirche durch die katholische Liga, einem Verbund der katholischen Kräfte im Reich. Die empörten protestantischen Stände versammelten sich vor der Prager Burg, hielten einen Schauprozess ab und warfen dann zwei königliche Satthalter und den Kanzleisekretär aus dem Burgfenster. Alle drei überlebten zwar ohne große Verletzungen. Der Fenstersturz als (scheinbar) aufständischer Akt gegen die königliche und kaiserliche Gewalt mündete gleichwohl in den Böhmisch-Pfälzischen Krieg.

Staatenbildung: Mangelnde Zentralmacht?

Die Machtverhältnisse im Heiligen Römischen Reich Deutscher Nation zwischen Kaiser und Fürsten waren in der Goldenen Bulle bereits 1356 geregelt worden und so war „[…]Deutschland längst das geworden, was man später einen Bundestaat nannte."[23] Oben der König und Kaiser, gewählt von den Kurfürsten. Wahrscheinlich eine dem Reich gemäße Form, jedoch war der Kaiser zu dieser Zeit einer der Kurfürsten selbst. Der König Böhmens war seit Generationen ein Habsburger – und blieb es auch bis zum Ende des Reichs. Der Kaiser war demnach nicht „[…]Inkarnation, Herrscher, oberster Vertreter des Reiches, in allen Provinzen gleich

---

[23] Mann, Band 7, S.146

gegenwärtig"[24], sondern selbst mächtigster Territorialfürst, alle Handlungen für oder gegen das Reich stützten „sich mehr auf seine eigenen Hilfsmittel als auf jene, die das Reich ihm zu liefern gewillt war."[25]

Das Haus Habsburg hatte durch strategisch kluges Heiratspolitik mehrmals das Herrschaftsgebiet erweitern können. Zwei sehr bekannte Beispiele, die dem Krieg nur kurz vorausgingen, sind: Die Hochzeit Maximilians I. mit Maria von Burgund und die Phillips I. mit Johanna von Kastilien und Aragon. Durch diese beiden Hochzeiten „erheiratete"[26] sich das Haus Habsburg sozusagen erst Burgund, wozu die (später „spanischen") Niederlande gehörten, und dann, durch den Ausfall anderer potenzieller Thronerben, Spanien mit all seinem auch überseeischen Besitz. (Wobei erstere oft auch als Liebesheirat bezeichnet wird.[27]) Zwar trennte sich die habsburgische Linie in eine spanische- und eine österreichische Linie, jedoch wurden beide immer wieder durch Heirat verbunden und vertraten die gleichen Interessen.

Das Herrschaftsgebiet der habsburgischen Dynastie war riesig, ein Blick auf die Karte im Anhang verdeutlicht das, wenn man bedenkt, dass der spanische König nun auch der portugiesische war und Regentschaften „in der neuen Welt in Chile, Peru, Brasilien und Mexiko"[28] auch noch dazu gehörten. So war das Schicksal des Heiligen Römischen Reichs in die Interessen der Habsburger eingebunden, jedoch zentrierte es sich nicht darauf.[29] Die Zentrierung habsburgischer Politik lag auf der Bildung einer Universalmacht, in der das Reich (nur) ein Teil sein sollte. So schreibt *Wedgwood*: „Während die deutschen Herrscher dem Phantom einer Weltmacht nachjagten, versäumten sie die Gelegenheit, aus Deutschland eine Nationalmacht zu machen."[30] Besonders aus dieser Versäumnis ergibt sich das immer weitere Verlangen nach mehr Macht jeder einzelnen untergebenen Instanz. Es ermangelte einer starken Zentralmacht. Trotzdem konnten die meisten der Stände nicht ohne den Schutz des Kaisers existieren.[31] Es lässt sich eine Verknüpfung zu einem vorangegangenen Kapitel ziehen: *Mangelnde Durchsetzungskraft*. Die beiden Kapitel korrespondieren miteinander.

Die (schwache) kaiserliche Zentralmacht konnte auf Grund des eben Ausgeführten keine neutrale Instanz darstellen. Dasselbe galt für die Religion, die über das erzkatholische Spanien, Böhmen und das Kaisertum für einen habsburgischen Herrscher genauso vorbestimmt war, wie das Kaisertum mit dem Geschlecht der Habsburger verbunden war. Die klare Oppositionsbildung war

---

[24] Mann, Band 7, S.146
[25] Mann, Band 7, S.146
[26] http://www.habsburger.net/de/kapitel/spanien-erheiraten-der-schoene-und-die-wahnsinnige
[27] http://m.schuelerlexikon.de/mobile_geschichte/Die_Heiratspolitik_der_Habsburger.htm
[28] Wedgwood, S.22
[29] (Vgl.) Mann, Band 7, S.146
[30] Wedgwood,. S.30
[31] (Vgl.) Mann, Band 7, S.147

die Folge. So schreibt *Golo Mann*, schon fast melancholisch: „[…]wenn der österreichische Zweig des Hauses nicht auf das tiefste in die deutschen Angelegenheiten verwickelt gewesen wäre."[32]

Die Fürsten standen, abgesehen vom religiösen Aspekt, vor der Entscheidung: Mit dem Kaiser, oder gegen den Kaiser. Kompromisse gab es nicht, denn die Habsburger hatten „ihre Politik zur Trägerin zweier Ideen gemacht: Sie traten kompromisslos für den Absolutismus und die katholische Kirche ein. und verfochten diese Überzeugungen so unnachgiebig, dass die Welt zwischen ihnen und ihren Handlungen nicht mehr unterschied."[33]

Wedgwood vertritt an einigen Stellen ihres Buches die Meinung, dass Ferdinand II. eine Zentralisierung des Reiches versuchte und kommt deshalb zu dem Schluss, dass sich die Fürsten im Sinne eines einzigen Despotismus´ anstelle vieler kleiner Despotismen hätten unterordnen sollen, als die Tendenz des Krieges sich schließlich 1630 von einem relativen Glaubenskrieg zu einem Krieg um die Vormacht in Europa wandelte. Der Wert der „deutschen Libertät" wird bei ihr der Einigung nachgeordnet, da die „Libertät" ohnehin nur für die Fürstentümer galt, nicht aber für die Bevölkerung.[34] „Auf jeden Falle wäre die Unterwerfung der Kurfürsten 1630 nicht sonderlich schlechter gewesen, als die Regelung, die dann 18 Jahre später der Friede von Münster und Osnabrück brachte."[35]

Teils um der Zwickmühle des „Nicht- auf eigenen Beinen Stehens" zu entkommen, teils aus reiner Machtgier, vielleicht aber doch auch aus einem aufkeimenden nationalen Bewusstsein heraus , das „Fremdherrschaft" ablehnte, fiel die Entscheidung der meisten protestantischen Stände gegen den Kaiser.

Die Größe der Dynastie Habsburgs wird oft als Fluch angesehen[36], da angesichts des Strebens Habsburgs nach Vormacht in Europa, ganz Europa Angst vor einer Übermacht Habsburgs hatte. Diese Kausalität lässt sich gut im Verlauf des Krieges erschließen. Hinzu kam noch im Falle Frankreichs, das Habsburg Frankreich durch die vorhin erwähnte Heiratspolitik von allen Seiten umschlossen hatte, was Ängste auf französischer Seite natürlich schürte und auch einen Grund für die Auseinandersetzung in Norditalien darstellte.

---

[32] Mann, Band 7, S.137
[33] Wedgwood, S.22
[34](Vgl.) http://wissen.spiegel.de/wissen/image/show.html?did=46185347&aref=image036/2006/03/07/PPM-SP196704501900194.pdf&thumb=false
[35] http://wissen.spiegel.de/wissen/image/show.html?did=46185347&aref=image036/2006/03/07/PPM-SP196704501900194.pdf&thumb=false
[36] http://www.koni.onlinehome.de/basisdateien/ursachen-frames.htm

Der Verlauf

Die Darstellung des Verlaufs erfolgt chronologisch. Wie zuvor erwähnt, bestand der Dreißigjährige Krieg aus vielen kleinen Kriegen, die im Allgemeinen in die folgen Abschnitte zusammengefasst werden. In der Geschichtswissenschaft ist der Begriff eines „einheitlich" Dreißigjährigen Krieges hiermit korrespondierend aber nicht unumstritten[37]. In der Darstellung des Verlaufs finden sich auch (neue) Ursachen zur Weiterführung des Krieges, die kausalen Verkettungen sollen zumindest angedeutet werden.

Böhmisch-pfälzischer Krieg (1618–1623)

Nach dem bereits erwähnten Prager Fenstersturz setzten die böhmischen Stände den bis zu diesem Zeitpunkt regierenden böhmischen König Ferdinand (später II.) ab und wählen den Kurfürsten Friedrich V. von der Pfalz 1619 zu ihrem König. Dieser ist der Anführer der protestantischen Union, das Gegenstück zur katholischen Liga. Wegen seiner sehr kurzen Regentschaft erhält er von der gegnerischen Propaganda den Spottnamen „Winterkönig".

Im gleichen Jahr geben sich die böhmischen Stände eine neue Staatsverfassung, in der sie sich stärken und der Wahlmonarch geschwächt wird.

Die Katholiken erhalten Unterstützung von der katholischen Liga, da ihrem Führer Maximilian I. von Bayern für den Fall des Sieges über die Protestanten die Übertragung der Kurfürstenwürde Friedrichs von zusichert wird. Friedrich hingegen wird von den meisten Mitgliedern der Union nicht unterstützt, Johann Georg von Sachsen (Protestant) verspricht ein „Nichteingreifen" und erhält dafür die Marktgrafschaft Lausitz versprochen.

Es kommt deshalb schon am 8. November 1620 zur sog. „Schlacht am Weißen Berge": Friedrich wird von den Heeren der Liga unter der Führung *Johann 't Serclaes von Tilly* vernichtend geschlagen und flieht wegen der über ihn verhängten Reichsacht nach Holland.

Die Anführer der Böhmen werden hingerichtet, etwa die Hälfte des böhmischen Landbesitzes wird an Unterstützer des Kaisers verteilt[38] und es wird unter den jetzt Herrschenden Habsburgern die Rekatholisierung durchgesetzt. Böhmen ist nun katholisch und verliert die Wahlmonarchie.

Die protestantische Union löst sich auf. Die spanisch-habsburgischen Heere erobern die Pfalz. Die übrig gebliebenen protestantischen Heerführer werden nach Norden vertrieben.

---

[37] http://de.wikipedia.org/wiki/Drei%C3%9Figj%C3%A4hriger_Krieg#Der_Begriff_.E2.80.9EDrei.C3.9Figj.C3. A4hriger_Krieg.E2.80.9C siehe Der Begriff „Dreißigjähriger Krieg"
[38] http://www.koni.onlinehome.de/basisdateien/verlauf-frames.htm

Dänisch-niedersächsischer Krieg (1623–1629)

König Christian IV. von Dänemark greift nun in den Krieg ein, da er sein Herzogtum Holstein gefährdet sieht und auf Territorialgewinn hofft. Er schließt zusammen mit England und den Generalstaaten (Niederlande) das sog. „Haager Bündnis".

Angesichts der jetzt entstandenen Übermacht des protestantischen Lagers stellt *Albrecht von Wallenstein* ein Heer für Ferdinand II. auf. Wallenstein siegt bei Mansfeld und Tilly bei Lutter. Gemeinsam drängen sie den dänischen König nach Jütland zurück. Wallenstein unterwirft fast den gesamten Norden und erhält das Herzogtum Mecklenburg.

Christian IV. verzichtet mit dem Lübecker Frieden (1629) auf jegliche Einmischung und kann dafür seinen Besitz behalten.

Ferdinand befindet sich im Zenit seiner Macht und erlässt ohne Zustimmung der Kurfürsten das Restitutionsedikt, welches die Rückgabe aller geistlichen Gebiete, die nach 1552 in protestantischen Besitz gekommen sind anordnet.

Die katholischen Stände sorgen sich um ihre „Libertät" und setzen am Regensburger Kurfürstentag eine Verkleinerung des kaiserlichen Heeres und die Absetzung des für sie zu mächtig gewordenen Wallensteins durch.

Schwedischer Krieg (1630–1635)

Gustav Adolf von Schweden greift in das Kriegsgeschehen ein, zum Schutz des Protestantismus im Norden, um weiteres Vordringen des Kaisers zu verhindern und um die schwedische Vormachtstellung an der Ostsee zu sichern.

Mit finanzieller Unterstützung Frankreichs für Gustav Adolf, zugesichert im Subsidienvertrag von Bärwalde schlossen sich nach der Katastrophe von Magdeburg die Truppen der protestantischen Reichstände Gustav Adolf an, der die Schlacht bei Breitenfeld und die Schlacht am Lech, bei welcher Tilly tödlich verletzt wurde, für sich entscheiden konnte.

Die Protestanten hatten sich ihm nach der Katastrophe angeschlossen, da Magdeburg seit der Entstehung des Protestantismus eine seiner Hochburgen gewesen war und sich unter den Schutz Gustav Adolfs gestellt hatte. Tilly und Pappenheim belagerten die Stadt bis diese schließlich fast komplett Zerstört wurde.

Nach den geschilderten vernichtenden Niederlagen des kaiserlichen Lagers setzte Ferdinand II. wieder Wallenstein als Befehlshaber ein. Er konnte zwar weder in der Schlacht an der Alten Veste, noch in der Schlacht bei Lützen klare Siege verbuchen, jedoch wurde in der zweiten Schlacht Gustav Adolf tödlich verletzt. Der schwedische Reichskanzler Axel Oxenstierna übernahm daraufhin die politische Führung.

Wallenstein begann, nachdem er sich mit dem sog. „Pilsener Revers" die Treue seiner Offiziere hatte zusichern lassen, nicht vom Kaiser autorisierte Friedensverhandlungen, Friedensverhandlungen, was ihn letztendlich am 25. Februar 1634 in Eger (Böhmen) das Leben kostete.

In der Schlacht bei Nördlingen am 6. September 1634 siegten die kaiserlichen Truppen gegen die schwedischen und Schweden zog sich aus Süddeutschland zurück.

Nachdem der Kurfürst von Sachsen sich am 30. Mai 1635 wieder den Kaiser angeschlossen hatte, zogen die fast alle übrigen Reichsstände nach.

Das Restitutionsedikt wurde für vierzig Jahre ausgesetzt und gemeinsam sollte jetzt gegen die Feinde des Reiches vorgegangen werden.

Schwedisch-Französischer Krieg (1635–1648)

Es schaltete sich dann das (katholische) Frankreich unter der faktischen Führung Kardinal Richelieus ein, der Minister des König Ludwig XIII. war, und verbündete sich mit dem protestantischen Schweden mit dem Ziel der endgültigen Entmachtung des Hauses Habsburg. Der Dreißigjährige Krieg hatte sich damit zum Krieg um die Vormachtstellung in Europa gewandelt.

Frankreich erklärte erst Spanien den Krieg, dann dem Heiligen Römischen Reich. Es kam nie zu einer Entscheidungsschlacht und so waren die dreizehn Jahre Kriegszeit nur von Raub und Plünderung geprägt. Die Bevölkerungszahl im Deutschen Reich sank in manchen Teilen bis um ein Drittel.[39]

1643 begannen Friedensverhandlungen in Münster und Osnabrück, die Kämpfe dauerten aber noch an. Schließlich wurde 1648 der sog. „Westfälische Frieden" verkündet, der das Ende des Krieges markiert.

---

[39] http://www.kinderzeitmaschine.de/index.php?id=401&ht=6&ut1=113&ut2=89&evt=570&x1=64&x2=-610.85

Der Westfälische Friede

Mit dem Westfälischen Frieden wurde der Augsburger Religionsfrieden wieder eingesetzt, es galt wieder das „cuis regio, eius religio"[40], übersetzt „wessen Herrschaft, dessen Religion". Ein wesentlicher Unterschied war, dass nun alle evangelisch-reformierten Kirchen in diese Regelung einbezogen waren, zuvor waren nur evangelisch-lutherische Protestanten eingeschlossen. Zum Beispiel die Hugenotten waren überwiegend evangelisch-calvinistisch.

Im territorialen Bereich erhielten die Generalstaaten (nördlicher Teil der Niederlande) und die Eidesgenossenschaft (Schweiz) staatliche Unabhängigkeit. An Frankreich wurde einige kleine Gebiete abgetreten, darunter der Sundgau, ein Teil des Elsasses. Schweden bekam einige Gebiete im Norden, darunter Stettin mit der Odermündung. Somit verlor das Reich praktisch alle Zugänge zur Ostsee. Der Seehandel des Reiches wurde damit faktisch erschwert, sowie später der „Erwerb" von Kolonien.

Als innenpolitische Folge bedurften die kaiserlichen Rechte von nun an der Zustimmung des Reichtages, zu diesen Rechten gehörten die Gesetzgebung und der Abschluss „völkerrechtlicher" Verträge. Zudem wurde die volle Souveränität der Reichsstände im „Ius foederationis" festgeschrieben, die Stände erhielten damit das volle Bündnisrecht, solange sich das Bündnis nicht gegen Kaiser oder Reich wandte[41]. Außerdem ging die bayerische Kurwürde wieder zurück an die Pfalz.

Das Römische Reich Deutscher Nation hatte an außenpolitischer Macht verloren, was den Weg anderer Mächte (Frankreich, Schweden, Niederlande) hin zur Großmachtstellung ebnete. Das Zurückdrängen Habsburgs auf die österreichischen Erblande trennte erstmals Österreich vom Reich.

---

[40] Wolters, S.272
[41] Kinder, Band 1, S.255

14

Schluss

In Zeiten, in denen Kirche und christlicher Glaube so viel wie nie zuvor kritisiert wird, auch auf Grund solcher blutigen Ereignisse, zeigt sich: Viele weitere Faktoren trugen zur Entstehung solch eines verheerenden Krieges bei. In später Reflektion ergeben alle Zusammenhänge Sinn: Habsburg zog auf Grund seiner Größe und seines politischen Verhaltens Feinde an, Religion wurde von so manchem zu anderen Zwecken instrumentalisiert, auf andere hingegen wirkte sie prägend. So etwas Triviales wie das Wetter bzw. die Veränderung des Klimas kann die Wirtschaft in einem Land auf einen nie zuvor dagewesene Tiefstand bringen, Technologien beeinflussen vieler Orts die Geschichte, bestimmen sie an anderer Stelle (Industrialisierung) geradezu, da Fass muss nur noch zum Überlaufen gebracht werden, niemandem ist die alleinige Schuld zuzuordnen. Sehr interessant war auch zu sehen wie stark lang Vergangenes noch immer auf uns wirkt, wie die Welt so geformt wurde, wie sie heute ist. Neue Betrachtungsweisen zu teilweise höchst aktuellen Themen wurden geschaffen. Die völlige passive Opferstellung der Bevölkerung zu diesen Zeiten kann zur Zufriedenheit mit der heutigen politischen Situation beitragen. Es zeigt sich zudem, dass der Dreißigjährige Krieg der erste moderne Krieg war, er wurde historisch erstmals zum Selbstzweck: „Der Krieg ernährt den Krieg"[42] dieser Ausspruch einer der Figuren Schillers charakterisiert besonders die späte Zeit des Krieges gut. Zudem zeigt der Krieg klar, dass dem Krieg selbst eine Steigerung der Brutalität innewohnt, wie man es am Beispiel der Magdeburger Hochzeit klar erkennen kann. Mit dem Ende des Dreißigjährigen Krieges ist die kaiserliche Zentralmacht endgültig gebrochen, der einen Meinung nach ein Übel für die Stellung Deutschlands in Europa - dieses Zersprengen in kleine Staaten hätte zur „verspäteten deutschen Nation" geführt, damit letztendlich auch zum Ersten Weltkrieg - der anderen Meinung nach ein Segen, da viele kleine Staaten den Wettbewerb innerhalb Deutschlands anregen und die Stärke Deutschlands in der Vielfalt sicherte. Was sicher gesagt werden kann ist: Der Dreißigjährige Krieg war kein rein deutscher Krieg, vielmehr wurden die Machtverhältnisse innerhalb Europas auf deutschen Boden neu austariert, was das Reich zerstörte und viele Menschen das Leben kostete. So wird der Krieg in seiner Endphase von Golo Mann, sowie Egon Friedell als „nutzlos"[43] bezeichnet. Fakt ist: Wahrscheinlich hätte sich der Krieg durch verbesserte Kommunikation und Kompromissbereitschaft verhindern lassen können, hier liegt wohl eine der Lehren aus dieser epochalen Katastrohe.

---

[42] Schiller, Friedrich: *Die Piccolomini I, 2.*
[43] http://wissen.spiegel.de/wissen/image/show.html?did=46185347&aref=image036/2006/03/07/PPM-SP196704501900194.pdf&thumb=false

Quellen

Literaturverzeichnis

1. (1988): *Brockhaus Enzyklopädie in vierundzwanzig Bänden.* Mannheim. (s. S. 670 für eine Karte Mitteleuropas während des Dreißigjährigen Krieges)

2. Gotthard, Axel: *Erneuerung des Alten. Die katholische Reform im Heiligen Römischen Reich.* In: Zeitverlag Gerd Bucerius (Hrsg.): DIE ZEIT, Welt- und Kulturgeschichte in 20 Bänden. Band 08

3. Gundel, Prof. Dr. H. (1996): *Grundriß der Geschichte.* Ernst Klett Verlag, Stuttgart.

4. Kinder, Hermann und Hilgemann, Werner (1964): *dtv-Atlas zur Weltgeschichte.* Deutscher Taschenbuch Verlag, Köln.

5. Mann, Golo (1960-1964): Das *Zeitalter des Dreißigjährigen Krieges*, (Hrsg.) Propyläen Weltgeschichte in zehn Bänden. Propyläen Verlag, München.

6. Schiller, Friedrich: *Die Piccolomini* I, 2.

7. Schiller, Friedrich: *Geschichte des Dreißigjährigen Krieges.* In Friedrich Schiller, Werke in 2 Bänden. Büchergilde Guttenberg (1992).

8. Wedgwood, C. V. (1976): *Der 30jährige Krieg.* Paul List Verlag KG, München.

9. Wolters, Stefan (2009): *Buchners Kolleg Geschichte, Von der Attischen Demokratie bis zum aufgeklärten Absolutismus.* C.C.Buchner, Bamberg.

Internetquellen

Alle Internetquellen wurden am 23.01.2014 auf ihre Richtigkeit überprüft.

10. http:// http://www.habsburger.net/de/stammbaum

11. http://de.wikipedia.org/wiki/Drei%C3%9Figj%C3%A4hriger_Krieg#Der_Begriff_.E2 .80.9EDrei.C3.9Figj.C3.A4hriger_Krieg.E2.80.9C siehe Der Begriff „Dreißigjähriger Krieg"

12. http://m.schuelerlexikon.de/mobile_geschichte/Die_Heiratspolitik_der_Habsburger.ht m

13. http://magdeburger-chronist.de/md-chronik/10mai.htm

14. http://wissen.spiegel.de/wissen/image/show.html?did=46185347&aref=image036/200 6/03/07/PPM-SP196704501900194.pdf&thumb=false

15. http://www.habsburger.net/de/kapitel/spanien-erheiraten-der-schoene-und-die-wahnsinnige

16. http://www.habsburger.net/de/kapitel/sympathie-fuer-protestanten-maximilian-ii

17. http://www.kinderzeitmaschine.de/index.php?id=401&ht=6&ut1=113&ut2=89&evt= 570&x1=64&x2=-610.85

18. http://www.kinderzeitmaschine.de/index.php?id=401&ht=6&ut1=113&ut2=87&evt= 502&x1=64&x2=-508.05

19. http://www.koni.onlinehome.de/basisdateien/ursachen-frames.htm

20. http://www.koni.onlinehome.de/basisdateien/verlauf-frames.htm
21. http://www.sehepunkte.de/2013/01/21400.html
22. http://www.spiegel.de/spiegelgeschichte/a-778430.html
23. http://www.spiegel.de/spiegelgeschichte/a-778430-3.html
24. http://www.umweltunderinnerung.de/index.php/kapitelseiten/vormoderne-umwelten/23-die-kleine-eiszeit
25. http://www.welt.de/kultur/history/article966115/Blutbad-an-der-Seine-die-Bartholomaeusnacht.html http://de.wikipedia.org/wiki/Reichstage_zu_Speyer
26. https://www.uni-due.de/einladung/Vorlesungen/epik/reformation.htm
27. www.literaturwelt.com/werke/gryphius/thraenen.html

Anhang

Tränen des Vaterlandes. Anno 1636[44]

Wir sind doch nunmehr ganz, ja mehr den ganz verheeret!
Der frechen Völker Schar, die rasende Posaun
Das vom Blut fette Schwert, die donnernde Karthaun
Hat aller Schweiß, und Fleiß, und Vorrat auf gezehret.

Die Türme stehn in Glut, die Kirch' ist umgekehret.
Das Rathaus liegt im Graus, die Starken sind zerhaun,
Die Jungfern sind geschänd't, und wo wir hin nur schaun,
Ist Feuer, Pest, und Tod, der Herz und Geist durchfähret.

Hier durch die Schanz und Stadt, rinnt allzeit frisches Blut.
Dreimal sind schon sechs Jahr, als unser Ströme Flut,
Von Leichen fast verstopft, sich langsam fort gedrungen,

Doch schweig ich noch von dem, was ärger als der Tod,
Was grimmer den die Pest, und Glut und Hungersnot,
Das auch der Seelen Schatz so vielen abgezwungen.

Andreas Gryphius (1616-1664)

---

[44] Entnommen aus http://www.literaturwelt.com/werke/gryphius/thraenen.html

Ferdinand I. an seinen Sohn und Nachfolger Maximilian II.

„Und hauptsächlich hab ich auf Euch, Maximilian, mehr Sorg als auf Euer ander keiner, denn ich hab allerlei gesehen und gemerkt, das mir einen Argwohn bringt, als wolltest Du Maximilian von unserer Religion fallen und zu der neuen Sekte übergehen. Gott wolle, dass das nicht sei und dass ich Dir darin Unrecht tue; denn Gott weiß, dass mir auf Erden kein größeres Leid noch Bekümmernis vorfallen könnte, als dass Ihr, Maximilian, mein ältester Sohn von der Religion abfielet.“[45]

Cicely Veronica Wedgwood:

„Damit soll das Luthertum nicht etwa verurteilt werden, denn die Menschen verfolgen ihre höchsten und auch ihre niedrigsten Ziele für ihre eigenen Zwecke, und weder die Fürsten noch das Volk nahmen den lutherischen Glauben im Geiste jenes leisen Zynismus an, den eine spätere Untersuchung der Beweggründe aufzudecken vermeinte. Sicherlich glaubten sie, weil sie glauben wollten, aber der Nachdruck in ihrem Innern lag auf dem Glauben, nicht auf Begehrlichkeit, und einige von ihnen wenigstens starben für ihren Glauben.“[46]

---

[45] Entnommen aus http://www.habsburger.net/de/kapitel/die-geburtsstunde-der-oesterreichischen-linie-ferdinand-i
[46] Wedgwood, C. V. (1976): *Der 30jährige Krieg*. Paul List Verlag KG, München. S. 17

Karte des Reiches während des Dreißigjährigen Krieges[47]

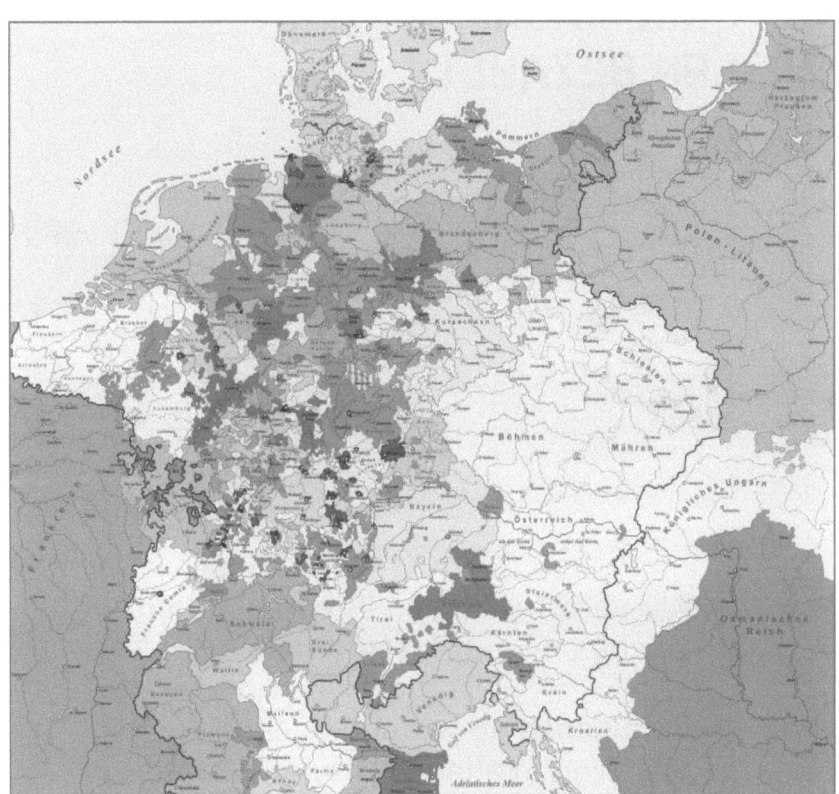

[47] S.
https://de.wikipedia.org/wiki/Drei%C3%9Fig%C3%A4hriger_Krieg#/media/File:Map_of_the_Holy_Roman_E mpire_(1618)_-_DE.svg

BEI GRIN MACHT SICH IHR WISSEN BEZAHLT

- Wir veröffentlichen Ihre Hausarbeit,
  Bachelor- und Masterarbeit

- Ihr eigenes eBook und Buch -
  weltweit in allen wichtigen Shops

- Verdienen Sie an jedem Verkauf

Jetzt bei www.GRIN.com hochladen
und kostenlos publizieren